1 漢字の読み 1

出る順 ランクA

合格 11／15

得点

◆次の――線の読みをひらがなで書きなさい。

□ 1 ピアノの演奏会に招かれた。
□ 2 気候は温暖で農作物も豊かだ。
□ 3 病人に付きそって看護をする。
□ 4 バスの運賃が改定された。
□ 5 練習時間を延長してがんばる。
□ 6 コーヒーに砂糖を少し入れる。
□ 7 銅像の除幕式が行われた。
□ 8 二人の呼吸はよく合っている。
□ 9 主人公の純真な姿に感動した。
□ 10 入場者は約千人と推定される。
□ 11 受け持ちの区域を配達する。
□ 12 増水した川に近寄るのは危ない。
□ 13 紅葉が湖面に映って美しい。
□ 14 父が幼いころの話を聞いた。
□ 15 野菜サラダとゆで卵は好物だ。

JN021976

2 漢字の読み 2

出る順 ランク A

合格 11/15

得点

◆次の――線の読みをひらがなで書きなさい。

□ 1 店内を**改装**して客が増えた。
□ 2 ごみの**処理**を適切に行う。
□ 3 よく話し合って**誤解**が解けた。
□ 4 事件の内容を**簡潔**に報告した。
□ 5 身体検査で**胸囲**も測ってもらった。
□ 6 名画の**展覧**会が開かれている。
□ 7 水泳選手のたくましい**筋肉**だ。
□ 8 出入り口の**警備**を厳重にする。
□ 9 外国から**視察**団が来日した。
□ 10 池につり糸を**垂**らす。
□ 11 パーティーは大いに**盛**り上がった。
□ 12 **潮**のかおりがする海辺の宿だ。
□ 13 言い**訳**を作って仕事を休んだ。
□ 14 不十分な部分を**補**って完成した。
□ 15 **私**もごいっしょいたします。

3 漢字の読み 3

出る順 ランク A

合格 11／15

得点

◆次の――線の読みをひらがなで書きなさい。

□ 1 春のリーグ戦が**開幕**した。
□ 2 海外旅行で**貴重**な体験をした。
□ 3 正しい**姿勢**で先生の話を聞く。
□ 4 国際会議に各国の**首脳**が集まった。
□ 5 かべに耳あり**障子**に目あり
□ 6 **水蒸気**のことを湯気ともいう。
□ 7 テレビで気象情報を**提供**している。
□ 8 弟の**誕生日**にお祝い会をした。
□ 9 工場の建物は**鉄骨**構造にした。
□ 10 水や木材は大切な**資源**である。
□ 11 戦争のない平和な**暮**らしを願う。
□ 12 赤く**染**まった夕焼けの空だ。
□ 13 うっかりして**忘**れ物をした。
□ 14 思わず**腹**をかかえて笑い出した。
□ 15 古都を**訪**ねる旅に出た。

4 漢字の読み 4

出る順 ランクA

合格 11／15

得点

◆次の――線の読みをひらがなで書きなさい。

□ 1 今年も街路樹が色づき始めた。

□ 2 亡父の遺品を整理している。

□ 3 決戦を前に選手は興奮していた。

□ 4 文化祭での発表をビデオに収録した。

□ 5 母の郷里に行ってクリ拾いをした。

□ 6 テニス部の主将を引き受けた。

□ 7 テスト前の勉強に専念している。

□ 8 考え方が単純すぎると注意された。

□ 9 テレビに火星探査機の活動が映った。

□ 10 この地域独特のお祭りを伝承する。

□ 11 競技会は成果を上げて幕を閉じた。

□ 12 私の言い分も認めてほしい。

□ 13 初夏は若葉の美しい季節だ。

□ 14 エアコンで部屋を暖めておく。

□ 15 早めに食事を済ませて家を出た。

5

漢字の読み 5

出る順 ランクA

合格 11/15

得点

◆次の――線の読みをひらがなで書きなさい。

□ 1 兄は市役所に勤務しています。

□ 2 道路の拡張工事が始まった。

□ 3 姉は赤系統の服を好む。

□ 4 憲法は国の最高の法規だ。

□ 5 転んで右手を骨折した。

□ 6 台風が九州を縦断した。

□ 7 人権の尊重は生きる基本である。

□ 8 この地図は縮尺五万分の一だ。

□ 9 食品を冷蔵庫で保存する。

□ 10 卒業式の服装を整える。

□ 11 話が通じないので困った。

□ 12 秒針が時を刻んでいる。

□ 13 道ばたにごみを捨てない。

□ 14 食前には必ず手を洗う。

□ 15 争いを公平に裁く。

6 漢字の読み 6

出る順 ランクA

合格 11／15

得点

◆次の――線の読みをひらがなで書きなさい。

□ 1 明るくて**誠実**な人がらが好まれる。

□ 2 外国から多様な**穀物**を輸入している。

□ 3 セミやカブト虫は**樹液**を吸っている。

□ 4 体調をくずして**食欲**がない。

□ 5 地球は**太陽系**に属している。

□ 6 図書館の**著者**目録で本を探す。

□ 7 総選挙後に新**内閣**が誕生した。

□ 8 正座して国宝の仏像を**拝観**した。

□ 9 それぞれが何かの役目を**分担**する。

□ 10 実力を**発揮**して成果を上げた。

□ 11 天候不良で出発時間を**延**ばす。

□ 12 森のおくに美しい**泉**がある。

□ 13 **窓**を開けて外の空気を入れる。

□ 14 牧場で牛の**乳**しぼりを体験した。

□ 15 一人一人の**尊**い命を大切にする。

7 漢字の読み 7

出る順 ランク A

合格 11／15

得点

◆次の——線の読みをひらがなで書きなさい。

1 声を上げて詩の朗読をした。

2 歌詞の意味を考えて歌う。

3 持ち物を厳重に検査する。

4 筋道を立てて話す。

5 ドアの開閉は静かにする。

6 身の危険を忘れて救助に走る。

7 正しい敬語の使い方を教わった。

8 都心に高層ビルが林立している。

9 音楽会の器楽合奏に出演した。

10 鉄のくぎが磁気を帯びている。

11 線路に沿って南下してください。

12 たばこの灰皿は不用品となった。

13 晴れ間をみて毛布を干す。

14 人を疑うようなことはしない。

15 辞書を机の上にそろえて置く。

8 漢字の書き 1

出る順 ランク A

合格 11/15

得点

◆次の――線のカタカナを漢字に直しなさい。

□ 1 校内であいさつ運動を**スイシン**する。

□ 2 オーケストラの**エンソウ**を聞く。

□ 3 工事現場は**キケン**だから近寄らない。

□ 4 **ケイサツ**は住民の安全を守る。

□ 5 車の**コショウ**を修理している。

□ 6 チームの**ホケツ**選手で出場した。

□ 7 手紙を**ユウビン**局のポストに入れた。

□ 8 風景に感動して**ハイク**を作った。

□ 9 背筋をのばして**シセイ**を正す。

□ 10 保健室で体重や**キョウイ**を測った。

□ 11 傷口を包帯で**マ**いてもらった。

□ 12 空には**ハイイロ**の雲が広がっていた。

□ 13 海辺で**スナ**遊びをしていた。

□ 14 計算を**アヤマ**って損をした。

□ 15 国語のノートは**タテガ**きで使う。

9 漢字の書き 2

出る順 ランクA

合格 11／15

得点

◆次の――線のカタカナを漢字に直しなさい。

1 テレビのエイゾウがはっきりしている。
2 道路のカクチョウ工事が終わる。
3 読書をして知識をキュウシュウする。
4 祖母はケイロウの日の行事に招かれた。
5 温かいコウチャにレモンを入れる。
6 本日休業のカンバンが出ていた。
7 胸を反らしてシンコキュウをした。
8 機械の使い方をカンタンに説明した。
9 公園のジュモクが生いしげっている。
10 春休みに家族でオンセン旅行をした。
11 母はホネミをおしまずに働いている。
12 ペンチを使ってハリガネを切る。
13 朝の光がマドベに差していた。
14 白い布地を赤い色にソめた。
15 竹をワったような性格の人だ。

10 漢字の書き 3

出る順 ランクA

合格 11/15

得点

◆次の――線のカタカナを漢字に直しなさい。

1 ビルの屋上にテンボウ室がある。

2 トレーニングでキンニクをきたえる。

3 型紙に沿って生地をサイダンする。

4 ゴールスンゼンで先頭に出た。

5 冬のセイザの形や位置を調べる。

6 飼い主にチュウジツな番犬だ。

7 テツボウで逆上がりの練習をする。

8 日本近海は魚のホウコといわれる。

9 体にしまモヨウのある魚を見た。

10 国語の時間に詩のロウドクをした。

11 列をミダさずに行進ができた。

12 あわててワスれ物を取りに帰った。

13 切手のウラにはのりが付いている。

14 一列にナラんで順番を待つ。

15 人をキズつけるような言い方だ。

11 漢字の書き 4

出る順 ランクA

合格 11／15

得点

◆次の——線のカタカナを漢字に直しなさい。

□ 1 ぼくはウチュウ飛行士を目指している。
□ 2 姉は病院でカンゴ師をしている。
□ 3 牧場でしぼりたてのギュウニュウを飲む。
□ 4 世界の国々が国連にカメイしている。
□ 5 目的地までウンチンを計算する。
□ 6 祖父のイサンを父が相続した。
□ 7 息づまる熱戦にコウフンした。
□ 8 国民は政治に参加するケンリがある。
□ 9 三十階建てのコウソウマンションだ。
□ 10 近くの本屋で文芸ザッシを買った。
□ 11 大昔、岩のアナに住む人がいた。
□ 12 洗った衣類をベランダにホす。
□ 13 常にツクエの上を整理している。
□ 14 寒さが日ごとにキビしくなってきた。
□ 15 特売場にワレ先にとかけこんだ。

12 漢字の書き 5

出る順 ランクA

合格 11/15

得点

◆次の――線のカタカナを漢字に直しなさい。

□ 1 音楽会でコーラスのシキをとる。
□ 2 部員にシキュウの呼び出しがあった。
□ 3 図書館で童話を三サツ借りた。
□ 4 限りある天然シゲンを大切にする。
□ 5 級友とショウライの夢を語り合う。
□ 6 平泳ぎでジコ最高記録をのばした。
□ 7 寺院の仏像がコクホウに指定された。
□ 8 運動会でショウガイ物競走に出た。
□ 9 適切な事務ショリであった。
□ 10 会社へのシュウショクが決まった。
□ 11 意見はコトなっても話せばわかる。
□ 12 紅葉が湖水にウツって美しい。
□ 13 雨フって地固まる
□ 14 師の教えを胸にキザみこむ。
□ 15 お金でスませる問題ではない。

13 漢字の書き 6

出る順 ランクA

合格 11/15

得点

◆次の――線のカタカナを漢字に直しなさい。

□ 1 卒業記念のショクジュをした。
□ 2 店頭で新製品のセンデンをしている。
□ 3 災害に備えてのタイサクを検討する。
□ 4 新しい内閣がタンジョウした。
□ 5 富士のサンチョウを目指して登る。
□ 6 バイオリンのドクソウに聞き入る。
□ 7 赤ちゃんにニュウシが生え始めた。
□ 8 実力をハッキして大賞をとった。
□ 9 学級会で係のブンタンが決まった。
□ 10 県の大会にタイソウ選手として出場した。
□ 11 無理な話で返答にコマった。
□ 12 ホネ折り損のくたびれもうけ
□ 13 飛ぶ鳥をイ落とすほどの勢いだ。
□ 14 父の代理でワタクシが参ります。
□ 15 カイコがまゆをつくり始めた。

14 漢字の書き 7

出る順 ランクA

合格 11/15

得点

◆次の――線のカタカナを漢字に直しなさい。

□ 1 写生画をみんなでヒヒョウし合う。

□ 2 性格はメイロウで人に好かれる。

□ 3 身軽なフクソウで遊びに出かけた。

□ 4 駅の周辺は人家がミッシュウしている。

□ 5 三日間の大会は無事にヘイマクした。

□ 6 努力が実ってユウショウした。

□ 7 プリントのマイスウを確かめて配る。

□ 8 国会で政党の代表がトウロンした。

□ 9 古い家並みがホゾンされている。

□ 10 マイバンねる前に歯をみがく。

□ 11 短期間での解決はムズカしい。

□ 12 拾い物を交番にトドけた。

□ 13 背にハラはかえられない。

□ 14 問題が山積して頭がイタい。

□ 15 雨にアラわれた緑があざやかだ。

15

部首・部首名 1

出る順 ランク A

合格 20／28

得点

◆次の漢字の部首と部首名を下の□の中からそれぞれ選び、記号で書きなさい。

(1)

1 域　2 遺　3 宇　4 延　5 我　6 閣　7 割

	1	2	3	4	5	6	7
部首							
部首名							

あ 亅　い 辶　う 口　え 刂　お 門　か 冖　き 廴　く 貝　け ノ　こ 宀　さ 弋　し 土　す 戈　せ 夂

ア えんにょう　イ つちへん　ウ はねぼう　エ かい　オ ほこづくり　カ もんがまえ　キ しきがまえ　ク くち　ケ わかんむり　コ うかんむり　サ しんにょう　シ はらいぼう　ス ふゆがしら　セ りっとう

(2)

1 簡　2 郷　3 勤　4 敬　5 窓　6 絹　7 鋼

	1	2	3	4	5	6	7
部首							
部首名							

あ 糸　い 艹　う 攵　え 月　お 穴　か 阝　き 心　く 金　け 幺　こ 門　さ 竹　し 勹　す 口　せ 力

ア もんがまえ　イ いとへん　ウ つつみがまえ　エ ちから　オ おおざと　カ つき　キ くさかんむり　ク あなかんむり　ケ たけかんむり　コ かねへん　サ こころ　シ くち　ス いとがしら　セ ぼくづくり

16 部首・部首名 2

出る順 ランクA

合格 20／28

得点

◆次の漢字の部首と部首名を下の□の中からそれぞれ選び、記号で書きなさい。

(1)
1 砂
2 困
3 座
4 済
5 蚕
6 裁
7 姿

	1	2	3	4	5	6	7
部首							
部首名							

あ 戈　い 厂　う 口　え 广
お 衣　か 石　き 冫　く 木
け 女　こ 人　さ 亠　し 氵
す 土　せ 虫

ア むし　イ いしへん
ウ さんずい　エ おんな
オ ほこづくり　カ がんだれ
キ ころも　ク にすい
ケ ひと　コ き
サ なべぶた　シ まだれ
ス くにがまえ　セ つち

(2)
1 詞
2 若
3 宗
4 熟
5 署
6 障
7 推

	1	2	3	4	5	6	7
部首							
部首名							

あ 灬　い 罒　う 立　え 日
お 隹　か 亠　き 阝　く 宀
け 示　こ 言　さ 冖　し 十
す 扌　せ 艹

ア こざとへん　イ くさかんむり
ウ ひらび　エ ごんべん
オ なべぶた　カ たつ
キ てへん　ク ふるとり
ケ しめす　コ じゅう
サ わかんむり　シ うかんむり
ス あみがしら　セ れんが

17 筆順・画数 1

出る順 ランクA

合格 28／40

得点

◆次の漢字の太い画のところは筆順の何画目ですか。また、総画数は何画ですか。算用数字（1、2、3…）で書きなさい。

番号	漢字	何画目	総画数
1	看		
2	冊		
3	我		
4	蔵		
5	並		
6	善		
7	延		
8	暖		
9	推		
10	灰		
11	優		
12	届		
13	聖		
14	処		
15	簡		
16	郷		
17	肺		
18	忠		
19	訪		
20	俳		

18 筆順・画数 2

出る順 ランクA

合格 28/40

得点

◆次の漢字の太い画のところは筆順の何画目ですか。また、総画数は何画ですか。算用数字（1、2、3…）で書きなさい。

	漢字	何画目	総画数
1	律		
2	染		
3	誠		
4	権		
5	片		
6	覧		
7	垂		
8	系		
9	収		
10	郵		
11	誕		
12	若		
13	詞		
14	脳		
15	干		
16	骨		
17	裁		
18	純		
19	探		
20	衆		

19 漢字と送りがな 1

出る順 ランク A

合格 11／15

得点

◆次の――線のカタカナを漢字一字と送りがな（ひらがな）に直しなさい。

〈例〉門をアケル。 開ける

□ 1 テーブルに食器をナラベル。
□ 2 冬の日はクレルのが早い。
□ 3 家庭ごみを分別してステル。
□ 4 道路に飛び出すのはアブナイ。
□ 5 人をウタガウのはよくないことだ。
□ 6 先頭の走者との差がチヂマル。
□ 7 宅配便で品物をトドケル。
□ 8 かさを学校にワスレル。
□ 9 歯がイタイので医者に行った。
□ 10 人によって意見はコトナル。
□ 11 朝夕の冷えこみがキビシクなった。
□ 12 オサナイ女の子が笑っている。
□ 13 文字のアヤマリに気がついた。
□ 14 庭に生えた雑草を取りノゾク。
□ 15 物語を読み終えて本をトジル。

20 漢字と送りがな 2

出る順 ランクA

合格 11／15

得点

◆次の――線のカタカナを漢字一字と送りがな（ひらがな）に直しなさい。

〈例〉門をアケル。 開ける

□ 1 目上の人をウヤマウ。

□ 2 窓ガラスのワレル音がした。

□ 3 時計は休まずに時をキザム。

□ 4 質問されても返答にコマル。

□ 5 この川の上流はハゲシイ流れだ。

□ 6 宿題を一時間でスマセル。

□ 7 池のほとりでつり糸をタラス。

□ 8 海岸で初日の出をオガム。

□ 9 テレビの画面がミダレル。

□ 10 ムズカシイ計算問題に取り組む。

□ 11 冷たい水で手をアラウ。

□ 12 山頂にイタル道は険しい。

□ 13 会費を期日までにオサメル。

□ 14 ルールにシタガッてゲームをする。

□ 15 雨のため遠足の日がノビル。

21 熟語の音と訓 1

出る順 ランクA

合格 17/24

得点

◆漢字の読みには音と訓があります。次の熟語の読みは□の中のどの組み合わせになっていますか。ア～エの記号で答えなさい。

ア 音と音　イ 音と訓　ウ 訓と訓　エ 訓と音

1 沿岸
2 温泉
3 灰皿
4 格安
5 巻物
6 看護
7 起源
8 筋力
9 係長
10 口紅
11 札束
12 試合

13 若気
14 手順
15 宗教
16 縦糸
17 蒸発
18 職場
19 針金
20 団子
21 道順
22 内閣
23 批評
24 布製

22 熟語の音と訓 2

出る順 ランクA

合格 17／24

得点

◆漢字の読みには音と訓があります。次の熟語の読みは□の中のどの組み合わせになっていますか。ア〜エの記号で答えなさい。

ア 音と音　イ 音と訓　ウ 訓と訓　エ 訓と音

1 安易
2 夕刊
3 米俵
4 節穴
5 創造
6 新型
7 諸国
8 手製
9 仕事
10 厚紙
11 砂地
12 官庁

13 裏庭
14 幕内
15 台所
16 窓口
17 生卵
18 場所
19 重箱
20 若葉
21 効果
22 駅前
23 関所
24 憲法

23 四字の熟語 1

出る順 ランクA

合格 19／26

得点

◆次のカタカナを漢字に直し、一字だけ書きなさい。

1 安全**ソウ**置
2 宇**チュウ**旅行
3 永久保**ゾン**
4 **エン**岸漁業
5 家庭**ホウ**問
6 **カク**張工事
7 学級日**シ**
8 **カブ**式会社
9 器械体**ソウ**
10 教育改**カク**
11 公**シュウ**電話
12 天然**シ**源
13 酸素**キュウ**入

14 四**シャ**五入
15 自**キュウ**自足
16 失業対**サク**
17 実力発**キ**
18 首**ノウ**会議
19 **ショ**名運動
20 書留**ユウ**便
21 人**ケン**尊重
22 **スイ**理小説
23 世界**イ**産
24 絶体絶**メイ**
25 **セン**門学校
26 大器**バン**成

24 四字の熟語 2

出る順 ランクA

合格 19/26

得点

◆次のカタカナを漢字に直し、一字だけ書きなさい。

□1 学習意ヨク
□2 リン機応変
□3 器楽合ソウ
□4 キョウ土芸能
□5 空前ゼツ後
□6 高ソウ建築
□7 問題ショ理
□8 自コ満足
□9 明ロウ快活
□10 シン小棒大
□11 社会保ショウ
□12 人口ミツ度
□13 一コク千金

□14 世ロン調査
□15 軍備シュク小
□16 大同小イ
□17 地イキ社会
□18 半信半ギ
□19 平和セン言
□20 複雑コッ折
□21 負タン軽減
□22 ユウ先順位
□23 カタ側通行
□24 予防注シャ
□25 無理ナン題
□26 油断大テキ

25

対義語・類義語 1

出る順 ランクA

合格 14／20

得点

◆次の□内に入る適切な語を、後の□の中から必ず一度選んで漢字に直し、対義語・類義語を作りなさい。

対義語

1 好意 ― □意
2 予習 ― □習
3 発散 ― □収
4 快楽 ― 苦□
5 定例 ― □時
6 両方 ― □方
7 公開 ― 秘□
8 拡大 ― □小
9 複雑 ― 単□
10 実物 ― □型

類義語

11 同意 ― □成
12 外国 ― □国
13 開演 ― 開□
14 大切 ― □重
15 他界 ― 死□
16 方策 ― 手□
17 尊重 ― 重□
18 容易 ― □易
19 任務 ― 役□
20 向上 ― 発□

・い　・てき　・かん　・かた　・き　・きゅう　・さん
・し　・しゅく　・じゅん　・だん　・てん　・つう　・ふく
・ぼう　・まく　・みつ　・も　・りん　・わり

26 対義語・類義語 2

出る順 ランクA

合格 14／20

得点

◆次の□内に入る適切な語を、後の□の中から必ず一度選んで漢字に直し、対義語・類義語を作りなさい。

対義語

1 散在 ― □集

2 地味 ― □手

3 読者 ― □者

4 安全 ― □険

5 横断 ― □断

6 賞賛 ― 非□

7 可決 ― □決

8 応答 ― □疑

9 目的 ― 手□

10 義務 ― □利

類義語

11 進歩 ― 発□

12 役者 ― □優

13 加入 ― 加□

14 反対 ― □議

15 感動 ― 感□

16 所得 ― □入

17 家屋 ― 住□

18 地区 ― 地□

19 将来 ― □来

20 討議 ― 討□

・い　・いき　・き　・げき　・けん　・しつ　・しゅう
・じゅう　・たく　・たつ　・だん　・ちょ　・なん　・は
・はい　・ひ　・み　・みっ　・めい　・ろん

27 対義語・類義語 3

出る順 ランクA

合格 14／20

得点

◆次の□内に入る適切な語を、後の□の中から必ず一度選んで漢字に直し、対義語・類義語を作りなさい。

対義語

1 保守 ― □新
2 理想 ― □実
3 寒冷 ― □暖
4 整然 ― □然
5 借用 ― 返□
6 退職 ― □職
7 縦糸 ― □糸
8 水平 ― □直
9 未来 ― 過□
10 制服 ― □服

類義語

11 改良 ― 改□
12 批評 ― 評□
13 直前 ― □前
14 始末 ― □理
15 助言 ― □告
16 価格 ― 値□
17 著名 ― □名
18 保管 ― 保□
19 後方 ― □後
20 用意 ― □備

・おん ・かく ・げん ・こ ・さい ・ざつ ・し
・しょ ・しゅう ・じゅん ・すい ・ぜん ・ぞん ・だん
・すん ・ちゅう ・はい ・ろん ・ゆう ・よこ

28 熟語の作成 1

出る順 ランクA

合格 14／20

得点

◆後の□の中から漢字を二つずつ選んで、次の意味に当てはまる熟語を作りなさい。答えは記号で書きなさい。

(1)
□1 はんいを広げて大きくすること。
□2 集団の中での行いの決まり。
□3 感情がたかぶること。
□4 くわしく調べてそれでよいか考える。
□5 ある事がらを打ち消すこと。

ア 興　イ 当　ウ 拡　エ 規　オ 奮　カ 広
キ 張　ク 定　ケ 討　コ 否　サ 律　シ 検

(2)
□1 物をたくわえておくこと。
□2 ごまかしのないまじめな心。
□3 限られた人だけが使うこと。
□4 新しい役目や地位につくこと。
□5 物を生産するもとになるもの。

ア 意　イ 職　ウ 蔵　エ 資　オ 就　カ 用
キ 貯　ク 任　ケ 専　コ 臓　サ 源　シ 誠

29 熟語の作成 2

出る順 ランクA

合格 14/20

得点

◆後の□の中から漢字を二つずつ選んで、次の意味に当てはまる熟語を作りなさい。答えは記号で書きなさい。

(1)

□ 1 ものごとをうまくさばいて始末をつける。

□ 2 たりない所をおぎないたすけること。

□ 3 ものごとをおそれない心。

□ 4 仕事などをわけて受け持つこと。

□ 5 さしずをして人を動かすこと。

ア 補	イ 処	ウ 担	エ 揮	オ 境	カ 利
キ 胸	ク 分	ケ 指	コ 助	サ 度	シ 理

(2)

□ 1 まじめで心のこもっていること。

□ 2 人々に注意を呼びかける知らせ。

□ 3 国のいちばんもとになる決まり。

□ 4 そのものが持っているねうち。

□ 5 短くてよくまとまっていること。

ア 間	イ 価	ウ 法	エ 実	オ 報	カ 潔
キ 値	ク 警	ケ 格	コ 簡	サ 憲	シ 誠

30 熟語の構成 1

出る順 ランク A

合格 14/20

得点

熟語の構成のしかたには、次のようなものがある。

ア　反対や対(つい)になる意味の字を組み合わせたもの。（強弱）
イ　同じような意味の字を組み合わせたもの。（進行）
ウ　上の字が下の字の意味を説明（修しょく）しているもの。（直線）
エ　下の字から上の字へ返って読むと意味がわかるもの。（開会）
オ　上の字が下の字の意味を打ち消しているもの。（非常）

◆次の熟語は右のア～オのどれに当たるか記号で答えなさい。

1 異国
2 映写
3 延期
4 温暖
5 灰色
6 開閉
7 観劇
8 帰宅
9 胸囲
10 不要
11 発券
12 特権
13 難易
14 未納
15 班長
16 養蚕
17 着席
18 停止
19 無視
20 幼児

31 熟語の構成 2

出る順 ランクA

合格 14／20

得点

熟語の構成のしかたには、次のようなものがある。

- ア　反対や対(つい)になる意味の字を組み合わせたもの。（強弱）
- イ　同じような意味の字を組み合わせたもの。（進行）
- ウ　上の字が下の字の意味を説明（修しょく）しているもの。（直線）
- エ　下の字から上の字へ返って読むと意味がわかるもの。（開会）
- オ　上の字が下の字の意味を打ち消しているもの。（非常）

◆次の熟語は右のア～オのどれに当たるか記号で答えなさい。

1　往復
2　看病
3　勤務
4　敬老
5　牛乳
6　寒暖
7　絹糸
8　洗顔
9　乗降
10　善良

11　不在
12　閉館
13　立腹
14　翌週
15　無難
16　豊富
17　私用
18　未刊
19　郷里
20　善悪

32 熟語の構成 3

出る順 ランクA

合格 14/20

得点

熟語の構成のしかたには、次のようなものがある。

ア 反対や対(つい)になる意味の字を組み合わせたもの。（強弱）
イ 同じような意味の字を組み合わせたもの。（進行）
ウ 上の字が下の字の意味を説明(修しょく)しているもの。（直線）
エ 下の字から上の字へ返って読むと意味がわかるもの。（開会）
オ 上の字が下の字の意味を打ち消しているもの。（非常）

◆次の熟語は右のア〜オのどれに当たるか記号で答えなさい。

1 歌詞
2 寒冷
3 去来
4 帰国
5 軽傷
6 未熟
7 旅券
8 困苦
9 山頂
10 未満
11 正誤
12 潮風
13 拝礼
14 難題
15 不備
16 閉店
17 無情
18 除草
19 存在
20 洗車

33 同じ読みの漢字 1

出る順 ランクA

合格 12／16

得点

◆次の――線のカタカナをそれぞれ別の漢字に直しなさい。

1 この小説は次号でカンケツする。
2 感想をカンケツにまとめる。

3 キチョウな文化遺産を守る。
4 キチョウが操縦して着陸した。

5 だれもがコウシュウ道徳を守る。
6 ドイツ語のコウシュウを受ける。

7 社員に作業服がシキュウされた。
8 母はシキュウの用事で帰宅した。

9 品質のユウリョウな米がとれた。
10 高速道路の通行はユウリョウだ。

11 すばらしい演奏にカンゲキした。
12 ミュージカルをカンゲキした。

13 力士が土俵にシオをまく。
14 この海域はシオの流れが速い。

15 なつかしいトモの顔がうかぶ。
16 同じ時代をトモに生きる。

1	3	5	7	9	11	13	15
2	4	6	8	10	12	14	16

34 同じ読みの漢字 2

出る順 ランクA

合格 12／16

得点

◆次の——線のカタカナをそれぞれ別の漢字に直しなさい。

1 党首**カイダン**が実現した。
2 **カイダン**を下りて地下鉄に乗る。

3 鉄骨の**キョウド**を調べる。
4 母の**キョウド**の名物料理だ。

5 第一**シボウ**の学校に合格した。
6 事故による**シボウ**者はなかった。

7 ロケットの**ハッシャ**に成功した。
8 新幹線の**ハッシャ**時刻を調べる。

9 **トウブン**の間は留守にします。
10 **トウブン**をひかえた食事をする。

11 父は**タンシン**で任地に向かった。
12 時計の**タンシン**が一回りした。

13 国に税金を**オサ**める。
14 王は徳をもって国を**オサ**める。

15 石油の**ネ**が上がっている。
16 草木が地中に**ネ**を張る。

1	3	5	7	9	11	13	15
2	4	6	8	10	12	14	16

35 同じ読みの漢字 3

出る順 ランクA

合格 12/16

得点

◆次の——線のカタカナをそれぞれ別の漢字に直しなさい。

1 父は銀行に三十年キンゾクした。
2 銅や鉄の類をキンゾクという。

3 買い物をしてゲンキンではらう。
4 土足での入室はゲンキンです。

5 ヘリコプターがコウカを始めた。
6 練習のコウカがあらわれた。

7 合唱祭のシキをした。
8 庭にはシキ折々の花が咲く。

9 計算テストで全問セイトウした。
10 主張にはセイトウな理由がある。

11 遠足は雨のためにチュウシする。
12 事態の成り行きをチュウシする。

13 午後からは家にイます。
14 的に向かって矢をイる。

15 会場の案内係をツトめる。
16 体力の向上にツトめる。

1	3	5	7	9	11	13	15
2	4	6	8	10	12	14	16

36

漢字の読み 8

出る順 ランクB

合格 11／15

得点

◆次の——線の読みをひらがなで書きなさい。

□ 1 古代神話の世界は**神秘**に満ちている。

□ 2 逆転はされたが最後まで**善戦**した。

□ 3 記念館は**創設**されて十年になる。

□ 4 防犯カメラの**装置**を点検する。

□ 5 会議を重ねて災害時の**対策**を練る。

□ 6 川の**流域**に水田が広がる。

□ 7 お城の**天守閣**から市街を見下ろす。

□ 8 連休には**臨時**列車が運行される。

□ 9 毎朝の**体操**と散歩は祖父の日課だ。

□ 10 朝の光がガラス窓に**反射**している。

□ 11 強風が落ち葉を**巻**き上げている。

□ 12 皿を落として**割**ってしまった。

□ 13 今朝は一面にしもが**降**りていた。

□ 14 手ざわりのよい**絹**のスカーフだ。

□ 15 山道で木の切り**株**につまずいた。

37 漢字の読み 9

出る順 ランクB

合格 11／15

得点

◆次の——線の読みをひらがなで書きなさい。

1 常に規律正しい生活をしている。

2 ダム建設について議論をかわす。

3 朝食はパンと牛乳ですませる。

4 アフリカで難民の救済にあたる。

5 オーケストラの指揮をする。

6 姉は去年から洋裁を習っている。

7 知事選挙に三人が立候補した。

8 きりが晴れて視界が開けてきた。

9 本物そっくりの模造品だった。

10 急ぎの手紙を速達郵便で送る。

11 空港に至る道路が整備された。

12 昨晩から雪は降り続いている。

13 蚕のまゆから絹糸がつくられる。

14 両手を合わせて仏像を拝む。

15 ふとん着てねたる姿や東山

38 漢字の読み 10

出る順 ランク B

合格 11／15

得点

◆次の——線の読みをひらがなで書きなさい。

□ 1 強敵と優勝をかけて戦う。
□ 2 人類の起源について探究する。
□ 3 サッカーの親善試合を観戦する。
□ 4 新しく会長に就任した。
□ 5 世界遺産に登録されることになった。
□ 6 駅から自宅までは徒歩で五分です。
□ 7 こまの心棒がまっすぐ立って回った。
□ 8 町の伝統芸能を存続させる。
□ 9 短歌や俳句は日本独特の文芸である。
□ 10 音楽は情操を豊かにする。
□ 11 保健室で傷の手当てを受けた。
□ 12 答えの誤りを正しく直す。
□ 13 ゲームに夢中になって我を忘れる。
□ 14 申し出を快く引き受けてくれた。
□ 15 雪をかぶった山の頂をながめる。

39 漢字の読み 11

出る順 ランクB

合格 11／15

得点

◆次の――線の読みをひらがなで書きなさい。

□ 1 生物学の研究に意欲を燃やす。

□ 2 私鉄の沿線に住居を構えた。

□ 3 夏の星座を天文学の本で調べる。

□ 4 日本も国際連合に加盟している。

□ 5 鋼鉄のように強い意志を持つ。

□ 6 テレビに開会式の映像が出る。

□ 7 一人一人が公衆道徳を守ろう。

□ 8 今年はリンゴの成熟が早い。

□ 9 糖分ひかえめの食事を心がける。

□ 10 宇宙探査機が基地を飛び立った。

□ 11 弓を引きしぼって矢を射る。

□ 12 祖父が今の会社を創った。

□ 13 電化製品が値下がりしている。

□ 14 砂場でトンネルを作って遊ぶ。

□ 15 庭に生えた雑草を取り除く。

40 漢字の読み 12

出る順 ランクB

合格 11/15

得点

◆次の——線の読みをひらがなで書きなさい。

□ 1 市の新しい**庁舎**が完成した。

□ 2 地下には**秘密**のトンネルがある。

□ 3 **蒸気**機関車が汽笛を鳴らす。

□ 4 湖をめぐる**遊覧**船に乗った。

□ 5 新しい研究の**領域**を切り開いた。

□ 6 首相はアフリカの諸国を**歴訪**した。

□ 7 強敵に対しては**無欲**で立ち向かう。

□ 8 海面は**満潮**時に高くなる。

□ 9 道路の**補修**工事が始まった。

□ 10 当方で送料は**負担**します。

□ 11 この道路は**片側**一方通行です。

□ 12 先祖のお墓に花を**供**える。

□ 13 全勝優勝はちょっと**難**しい。

□ 14 **裏庭**にスイセンの球根を植える。

□ 15 生活のリズムを**乱**さないようにする。

41 漢字の書き 8

出る順 ランク B

合格 11／15

得点

◆次の——線のカタカナを漢字に直しなさい。

1 球場はカンシュウでうずまった。
2 母は保育所にキンムしています。
3 この川は遊泳禁止のクイキだ。
4 オリンピックのセイカが入場した。
5 レモンのかおりがショクヨクを増す。
6 久しぶりに母のキョウリを訪問した。
7 器楽ガッソウの発表会に出演した。
8 災害地に新しいジュウタクが建った。
9 日本の歴史をセンモンに研究する。
10 総理大臣が国会でセイサクを述べる。
11 シャツを洗ったらチヂんでしまった。
12 つかれてイチョウの調子が悪い。
13 お皿に料理をモり付けて出した。
14 こんこんとわき出す美しいイズミだ。
15 日がクれて辺りも暗くなってきた。

42 漢字の書き 9

出る順 ランク B

合格 11／15

得点

◆次の——線のカタカナを漢字に直しなさい。

□ 1 この本は一読するカチがある。

□ 2 職人がガイロジュの手入れをしている。

□ 3 英語の学習書をニサツ買い整えた。

□ 4 パソコンを自由にソウサできる。

□ 5 計算問題でタンジュンなミスをした。

□ 6 ワインを地下室にチョゾウしている。

□ 7 大使のツウヤクとして同行した。

□ 8 カキはトウブンの多い果物だ。

□ 9 話し合いでハンチョウを決めた。

□ 10 急なカイダンをゆっくり下りる。

□ 11 川にソった遊歩道を散歩する。

□ 12 急にハゲしい雨が降り出した。

□ 13 姉はクチベニを付けて外出した。

□ 14 使用済みのカードを切ってスてる。

□ 15 係員の指示にシタガって見学する。

43 漢字の書き 10

出る順 ランク B

合格 11／15

得点

◆次の――線のカタカナを漢字に直しなさい。

□ 1 現状をカイカクして新しい制度を作る。

□ 2 おそくとも夕食までにはキタクする。

□ 3 地球温暖化はシンコクな問題である。

□ 4 公民館で人形ゲキを見た。

□ 5 底辺にスイチョクな線を引く。

□ 6 どう上げされた選手がチュウにまう。

□ 7 頭を強打してノウの検査を受けた。

□ 8 庭園をハイケイに記念写真をとった。

□ 9 パン屋は七時にはヘイテンしていた。

□ 10 湖をめぐるユウラン船に乗った。

□ 11 庭の雑草を取りノゾく。

□ 12 手ぶくろのカタホウだけをなくした。

□ 13 祖父のオサナいころの写真を見た。

□ 14 リュックサックをセオって山に行く。

□ 15 木の切りカブから小さな芽が出ていた。

44 漢字の書き 11

出る順 ランクB

合格 11／15

得点

◆次の――線のカタカナを漢字に直しなさい。

□ 1 坂道を上ると急にシカイが開けた。

□ 2 暴風警報がカイジョされた。

□ 3 説明を聞いてギモンが解けた。

□ 4 駅のコウシュウ電話でかける。

□ 5 事故で列車のダイヤがコンランした。

□ 6 やっとサンチョウにたどり着いた。

□ 7 母校はソウリツ百周年をむかえる。

□ 8 工事の期間がタンシュクされた。

□ 9 ジシャクを使って砂鉄を集める。

□ 10 会社で経理をタントウしている。

□ 11 コップの水を一気に飲みホす。

□ 12 博物館で古いエマキ物を見た。

□ 13 ナイフを使う妹の手つきがアブない。

□ 14 朝の空気を胸いっぱいにスう。

□ 15 シャクハチの静かな音色が流れる。

45 漢字の書き 12

出る順 ランクB

合格 11/15

得点

◆次の――線のカタカナを漢字に直しなさい。

□ 1 大統領のシュウニン式が行われた。

□ 2 荷物をまとめてタクハイ便で送った。

□ 3 和室でセイザをしてお茶をいただく。

□ 4 各セイトウの代表が国会で討論する。

□ 5 優しゅうなズノウの持ち主といわれている。

□ 6 二人だけのヒミツがもれてしまった。

□ 7 雨のために遠足はヨクジツに延びた。

□ 8 選挙後にナイカクの改造があった。

□ 9 イチョウの木はラクヨウジュである。

□ 10 今の世相をハンエイする。

□ 11 人のネ打ちは外見では測れない。

□ 12 部屋にトじこもって読書している。

□ 13 勇気をフルって立候補した。

□ 14 むらさきのフジの花がタれ下がっている。

□ 15 白雪をイタダいた連山をながめる。

46

部首・部首名 3

出る順 ランクB

合格 20/28

得点

◆次の漢字の部首と部首名を下の[ ]の中からそれぞれ選び、記号で書きなさい。

(1)

1 盛
2 聖
3 劇
4 染
5 誌
6 宣
7 層

	1	2	3	4	5	6	7
部首							
部首名							

あ 日　い 氵　う 皿　え 宀
お 尸　か 木　き 土　く 心
け 士　こ 口　さ 刂　し 耳
す 言　せ 玉

ア さむらい　イ さんずい
ウ ひ　エ つち
オ き　カ さら
キ くち　ク みみ
ケ りっとう　コ たま
サ ごんべん　シ しかばね
ス うかんむり　セ こころ

(2)

1 憲
2 縮
3 筋
4 臓
5 担
6 究
7 潮

	1	2	3	4	5	6	7
部首							
部首名							

あ 宀　い 氵　う 罒　え 穴
お 一　か 艹　き 糸　く 心
け 月　こ 扌　さ ⺮　し 力
す 戈　せ 十

ア くさかんむり　イ ほこづくり
ウ たけかんむり　エ うかんむり
オ いとへん　カ にくづき
キ ちから　ク あなかんむり
ケ いち　コ じゅう
サ さんずい　シ てへん
ス こころ　セ あみがしら

47

部首・部首名 4

出る順 ランクB

合格 20／28

得点

◆次の漢字の部首と部首名を下の□の中からそれぞれ選び、記号で書きなさい。

(1)

	1	2	3	4	5	6	7
	幕	模	郵	欲	誕	著	城
部首							
部首名							

あ 阝　い 廴　う 曰　え 木
お 止　か 艹　き 欠　く 大
け 巾　こ 耂　さ 戈　し 言
す 土　せ 谷

ア あくび　イ ひらび
ウ とめへん　エ つちへん
オ ほこづくり　カ きへん
キ おいかんむり　ク はば
ケ くさかんむり　コ おおざと
サ だい　シ たに
ス えんにょう　セ ごんべん

(2)

	1	2	3	4	5	6	7
	頂	痛	糖	陛	庁	裏	暮
部首							
部首名							

あ 疒　い 艹　う 亠　え 頁
お 里　か 衣　き 貝　く 厂
け 米　こ 土　さ 日　し 广
す 阝　せ 亅

ア なべぶた　イ ころも
ウ かい　エ やまいだれ
オ こめへん　カ ひ
キ さと　ク おおがい
ケ がんだれ　コ くさかんむり
サ はねぼう　シ こざとへん
ス まだれ　セ つち

48 筆順・画数 3

出る順 ランクB

合格 28／40

得点

◆次の漢字の太い画のところは筆順の何画目ですか。また、総画数は何画ですか。算用数字（1、2、3…）で書きなさい。

	漢字	何画目	総画数
1	奏		
2	宇		
3	銭		
4	卵		
5	域		
6	熟		
7	座		
8	糖		
9	誠		
10	憲		
11	尺		
12	認		
13	済		
14	宝		
15	穀		
16	展		
17	否		
18	磁		
19	后		
20	批		

49 筆順・画数 4

出る順 ランク B

合格 28/40

得点

◆次の漢字の太い画のところは筆順の何画目ですか。また、総画数は何画ですか。算用数字（1、2、3…）で書きなさい。

	漢字	何画目	総画数
1	宙		
2	異		
3	派		
4	従		
5	皇		
6	盛		
7	巻		
8	装		
9	訳		
10	遺		
11	専		
12	論		
13	閣		
14	処		
15	呼		
16	誤		
17	脳		
18	奮		
19	陛		
20	除		

50 漢字と送りがな 3

出る順 ランクB

合格 11/15

得点

◆次の――線のカタカナを漢字一字と送りがな（ひらがな）に直しなさい。

〈例〉 門をアケル。 開ける

□ 1 父は駅前で書店をイトナム。
□ 2 申し出をココロヨク引き受けた。
□ 3 落ち葉を庭のすみにヨセル。
□ 4 医者をココロザシて勉強する。
□ 5 大学で経済学をオサメル。
□ 6 ケワシイ山道を登る。
□ 7 赤と白の絵の具をマゼル。
□ 8 教室でアバレていて注意された。
□ 9 森の中で道にマヨウ。
□ 10 公園にベンチをモウケル。
□ 11 友達と背クラベをした。
□ 12 大事な仕事をマカセル。
□ 13 コイが水面でイキオイよくはねた。
□ 14 来場者を会場へミチビク。
□ 15 親友が転校してヒサシイ。

51 漢字と送りがな 4

出る順 ランクB

合格 11／15

得点

◆次の——線のカタカナを漢字一字と送りがな（ひらがな）に直しなさい。

〈例〉門をアケル。　開ける

□ 1 友人を誕生会にマネク。
□ 2 自分の考えをはっきりノベル。
□ 3 祖父は会社の役員をシリゾイた。
□ 4 ズボンのすそがヤブレル。
□ 5 打者がバットをカマエル。
□ 6 テストはヤサシイ問題が多かった。
□ 7 本当かどうかをタシカメル。
□ 8 畑をタガヤシて花の種をまく。
□ 9 春はフタタビめぐってくる。
□ 10 銀行にお金をアズケル。
□ 11 写生会の絵をピンでトメル。
□ 12 近くの川でホタルの数がフエル。
□ 13 コーチは経験のユタカな人だ。
□ 14 練習を重ねて本番にソナエル。
□ 15 祭りのかがり火が赤々とモエル。

52 熟語の音と訓 3

出る順 ランクB

合格 17／24

得点

◆漢字の読みには音と訓があります。次の熟語の読みは［　］の中のどの組み合わせになっていますか。ア〜エの記号で答えなさい。

ア 音と音　イ 音と訓　ウ 訓と訓　エ 訓と音

1 遺産
2 割合
3 牛乳
4 筋力
5 黒潮
6 雑誌
7 若者
8 新顔
9 政党
10 番組
11 並木
12 洋間

13 株式
14 拡張
15 巻紙
16 骨身
17 残高
18 砂場
19 手帳
20 傷口
21 派手
22 鼻歌
23 無口
24 裏門

53 熟語の音と訓 4

出る順 ランク B

合格 17／24

得点

◆漢字の読みには音と訓があります。次の熟語の読みは□の中のどの組み合わせになっていますか。ア～エの記号で答えなさい。

ア 音と音　イ 音と訓　ウ 訓と訓　エ 訓と音

1 運賃
2 横顔
3 王様
4 荷物
5 回覧
6 絹地
7 初夢
8 磁石
9 新芽
10 針箱
11 善良
12 背中

13 客間
14 沿線
15 感激
16 郷里
17 筋金
18 国宝
19 手配
20 晩飯
21 味方
22 裏表
23 役割
24 流氷

54 四字の熟語 3

出る順 ランク B

合格 19／26

得点

◆次のカタカナを漢字に直し、一字だけ書きなさい。

1 安全センゲン
2 イロ同音
3 一心不ラン
4 ウ宙遊泳
5 永久ジ石
6 価チ判断
7 ワリ引料金
8 帰タク時間
9 キ急存亡
10 景気対サク
11 キン務時間
12 公シ混同
13 国民主ケン

14 ザ席指定
15 自画自サン
16 質ギ応答
17 実験ソウ置
18 世界イ産
19 集合時コク
20 建セツ工事
21 ジョ雪作業
22 信号無シ
23 ジョウ気機関
24 森林資ゲン
25 水玉モ様
26 政トウ政治

55 四字の熟語 4

出る順 ランクB

合格 19／26

得点

◆次のカタカナを漢字に直し、一字だけ書きなさい。

1 一挙両トク
2 応急ショ置
3 一進一タイ
4 温ダン前線
5 一部シ終
6 雨天順エン
7 海底タン検
8 コク倉地帯
9 完全無ケツ
10 議ロン百出
11 ユウ便配達
12 言語道ダン
13 玉石コン交

14 コウ衆道徳
15 国際親ゼン
16 時間ゲン守
17 自己負タン
18 宅地ゾウ成
19 弱ニク強食
20 人員点コ
21 四シャ五入
22 農地改カク
23 八方ビ人
24 百パツ百中
25 平和共ゾン
26 単ジュン明快

56 対義語・類義語 4

出る順 ランクB

合格 14／20

得点

◆次の□内に入る適切な語を、後の□の中から必ず一度選んで漢字に直し、対義語・類義語を作りなさい。

対義語

1 用心―油□

2 外出―帰□

3 支出―□入

4 冷静―興□

5 容易―□難

6 私用―□用

7 安全―危□

8 往復―□道

9 河口―水□

10 悪意―□意

類義語

11 注目―注□

12 記名―□名

13 出生―□生

14 転任―転□

15 快活―□気

16 使命―任□

17 直前―□前

18 製作―製□

19 母国―□国

20 指図―指□

・かた　・き　・きん　・けん　・げん　・こう　・こん
・し　・しゅう　・しょ　・すん　・ぜん　・そ　・ぞう
・たく　・たん　・だん　・ふん　・む　・よう

57 対義語・類義語 5

出る順 ランク B

合格 14／20

得点

◆次の□内に入る適切な語を、後の□の中から必ず一度選んで漢字に直し、対義語・類義語を作りなさい。

対義語

1 生産 ― 消□
2 表門 ― □門
3 尊重 ― 軽□
4 開幕 ― □幕
5 寒流 ― □流
6 減退 ― □進
7 辞任 ― □任
8 整理 ― 散□
9 快楽 ― 苦□
10 禁止 ― 許□

類義語

11 永遠 ― 永□
12 火事 ― 火□
13 平等 ― □等
14 用意 ― □備
15 作者 ― □者
16 給料 ― □金
17 向上 ― 進□
18 不評 ― □評
19 先導 ― □内
20 拡大 ― 拡□

・あく　・あん　・うら　・か　・きゅう　・きん　・さい
・し　・しゅう　・じゅん　・ぞう　・だん　・ちょ　・ちょう
・ちん　・つう　・ひ　・へい　・ぽ　・らん

58 対義語・類義語 6

出る順 ランクB

合格 14/20

得点

◆次の□内に入る適切な語を、後の□の中から必ず一度選んで漢字に直し、対義語・類義語を作りなさい。

対義語

1 賞賛 ― □難
2 合奏 ― □奏
3 子孫 ― □先
4 過去 ― □来
5 同質 ― □質
6 保守 ― □新
7 増加 ― □少
8 早春 ― □春
9 利益 ― □失
10 製品 ― 原□

類義語

11 運送 ― 運□
12 野外 ― □外
13 帰省 ― 帰□
14 感心 ― 敬□
15 宣伝 ― 広□
16 真心 ― □意
17 出版 ― □行
18 外観 ― 外□
19 去年 ― □年
20 急流 ― □流

・い ・おく ・かく ・かん ・きょう ・げき ・けん
・げん ・こく ・さく ・しょう ・せい ・そ ・そん
・どく ・ばん ・ひ ・ふく ・ゆ ・りょう

59 熟語の作成 3

出る順 ランクB

合格 14／20

得点

◆後の□の中から漢字を二つずつ選んで、次の意味に当てはまる熟語を作りなさい。答えは記号で書きなさい。

(1)

1 とても大切である様子。

2 名まえが広く知れわたっていること。

3 機械などを動かすこと。

4 ずたずたにたち切ること。

5 物を並べてみんなに見せること。

ア 名	イ 操	ウ 明	エ 示	オ 査	カ 作
キ 寸	ク 貴	ケ 著	コ 重	サ 展	シ 断

(2)

1 初めてのものをつくり出すこと。

2 よその家をたずねること。

3 ほしいと願う気持ち。

4 仕事や責任を引き受けること。

5 大切にしまっておくこと。

ア 訪	イ 望	ウ 蔵	エ 門	オ 造	カ 欲
キ 像	ク 負	ケ 創	コ 秘	サ 担	シ 問

60 熟語の作成 4

出る順 ランクB

合格 14／20

得点

◆後の□の中から漢字を二つずつ選んで、次の意味に当てはまる熟語を作りなさい。答えは記号で書きなさい。

(1)

□ 1 持っている力を十分に出すこと。

□ 2 一つのことに心を集中すること。

□ 3 これから先のこと。

□ 4 見わたせるはんい。

□ 5 心がすなおで清らかなこと。

ア 招	イ 専	ウ 機	エ 視	オ 純	カ 揮
キ 界	ク 真	ケ 将	コ 発	サ 来	シ 念

(2)

□ 1 制度などをあらためて良くすること。

□ 2 ものごとの仕組みや内容の大きさ。

□ 3 真心をもって人に注意すること。

□ 4 楽器を使って音楽をかなでること。

□ 5 内部にとり入れること。

ア 収	イ 演	ウ 改	エ 規	オ 吸	カ 注
キ 模	ク 忠	ケ 集	コ 奏	サ 革	シ 告

61 熟語の構成 4

出る順 ランクB

合格 14/20

得点

熟語の構成のしかたには、次のようなものがある。

ア 反対や対になる意味の字を組み合わせたもの。（強弱）
イ 同じような意味の字を組み合わせたもの。（進行）
ウ 上の字が下の字の意味を説明（修しょく）しているもの。（直線）
エ 下の字から上の字へ返って読むと意味がわかるもの。（開会）
オ 上の字が下の字の意味を打ち消しているもの。（非常）

◆次の熟語は右のア〜オのどれに当たるか記号で答えなさい。

1 公私
2 困難
3 車窓
4 取捨
5 就職
6 強敵
7 無傷
8 幼虫
9 閉幕
10 問答

11 翌日
12 半熟
13 登頂
14 断続
15 不純
16 自己
17 収支
18 若者
19 未完
20 樹木

62 熟語の構成 5

出る順 ランク B

合格 14/20

得点

熟語の構成のしかたには、次のようなものがある。

ア　反対や対（つい）になる意味の字を組み合わせたもの。（強弱）
イ　同じような意味の字を組み合わせたもの。（進行）
ウ　上の字が下の字の意味を説明（修しょく）しているもの。（直線）
エ　下の字から上の字へ返って読むと意味がわかるもの。（開会）
オ　上の字が下の字の意味を打ち消しているもの。（非常）

◆次の熟語は右のア〜オのどれに当たるか記号で答えなさい。

1 育児
2 永久
3 家賃
4 干満
5 禁止
6 敬語
7 激減
8 建築
9 紅白
10 不評
11 降車
12 国宝
13 在宅
14 死亡
15 視力
16 縦横
17 厳守
18 失策
19 未定
20 負傷

63 熟語の構成 6

出る順 ランクB

合格 14/20

得点

熟語の構成のしかたには、次のようなものがある。

ア 反対や対(つい)になる意味の字を組み合わせたもの。（強弱）
イ 同じような意味の字を組み合わせたもの。（進行）
ウ 上の字が下の字の意味を説明（修しょく）しているもの。（直線）
エ 下の字から上の字へ返って読むと意味がわかるもの。（開会）
オ 上の字が下の字の意味を打ち消しているもの。（非常）

◆次の熟語は右のア〜オのどれに当たるか記号で答えなさい。

1 尊敬
2 短針
3 洗面
4 場内
5 就任
6 順延
7 収納
8 未決
9 土俵
10 利害
11 退院
12 世論
13 無罪
14 除雪
15 増減
16 重病
17 不幸
18 庁舎
19 植樹
20 除去

64 同じ読みの漢字 4

出る順 ランクB

合格 12/16

得点

◆次の——線のカタカナをそれぞれ別の漢字に直しなさい。

1 試合は予定のジコクに始まった。
2 海外勤務を終えてジコクに帰る。

3 試験に合格するジシンはある。
4 勉強はあなたジシンのためです。

5 交通ジコ防止の運動をしている。
6 飲食代はジコ負担です。

7 かけ値のないセイカで売る。
8 すばらしいセイカを上げた。

9 キンシなので眼鏡をかけている。
10 館内でのさつえいはキンシです。

11 きりが晴れてシカイが開けた。
12 発表会のシカイをする。

13 子どもがハラっぱで遊んでいる。
14 おかしくてハラをかかえて笑う。

15 仏前に花をソナえる。
16 テストにソナえて勉強する。

1	3	5	7	9	11	13	15
2	4	6	8	10	12	14	16

65 同じ読みの漢字 5

出る順 ランクB

合格 12／16

得点

◆次の――線のカタカナをそれぞれ別の漢字に直しなさい。

1 新しい文化のソウゾウに努める。
2 場面をソウゾウしながら読む。

3 五輪の競技場にセイカが燃える。
4 野菜をセイカ市場で仕入れる。

5 ケーキを三トウブンする。
6 留学するのでトウブン会えない。

7 店にコウカな宝石が並んでいる。
8 宣伝のコウカで売れ行きがよい。

9 各セイトウの代表が質問する。
10 セイトウな権利の主張。

11 新聞紙でホウソウして持ち運ぶ。
12 野球の試合をホウソウしている。

13 駅にツいたら電話してください。
14 気がツいたら日が暮れていた。

15 弟を先に家にカエす。
16 図書館で借りた本をカエす。

1	3	5	7	9	11	13	15
2	4	6	8	10	12	14	16

66 同じ読みの漢字 6

出る順 ランクB

合格 12／16

得点

◆次の――線のカタカナをそれぞれ別の漢字に直しなさい。

1 一万人のカンシュウが集まった。
2 その土地のカンシュウに従う。

3 山頂からのケイカンはすばらしい。
4 会場周辺をケイカンが見回る。

5 油絵のコテンは大成功だった。
6 日本のコテン文学を研究する。

7 日本画のタイサクを仕上げた。
8 水害に備えてのタイサクを練る。

9 地域で美化活動をスイシンする。
10 湖のスイシンを測る。

11 人体のナイゾウの働き。
12 カメラをナイゾウしたけいたい電話。

13 難しい問題をトいた。
14 人間の生き方をトいた話だ。

15 最終戦はストレートでヤブれた。
16 包み紙がヤブれて中身が出る。

1	3	5	7	9	11	13	15
2	4	6	8	10	12	14	16

実力完成テスト 1

時間 60分

合格点 140/200

得点

㈠ 次の——線の読みをひらがなで書きなさい。（25点）

1 初優勝して**感激**のなみだを流した。（　　）
2 親の**遺志**をついで家業にはげむ。（　　）
3 アルバイトの**賃金**を支はらう。（　　）
4 悪天候で試合を明日に**延期**する。（　　）
5 発表会は多くの**観覧**者でにぎわった。（　　）
6 クラスの集合写真を**拡大**する。（　　）
7 「本日休業」の**看板**が出ていた。（　　）
8 谷川の激流に**沿**って下る。（　　）
9 何事にも**厳格**な態度でのぞむ。（　　）
10 実力を十分に**発揮**した。（　　）
11 美化運動を**推進**している。（　　）
12 南極**探検**隊の人から話を聞いた。（　　）
13 夏休みの作品を図書館で**展示**する。（　　）
14 休日に**模型**飛行機を作った。（　　）
15 全員で**論議**を戦わせて決めた。（　　）
16 **欲**張りすぎて損をしたことがある。（　　）
17 鏡に自分の姿を**映**してみる。（　　）
18 幼児が庭で**砂遊**びをしている。（　　）
19 この道路は**片側**一方通行です。（　　）
20 冬は日の**暮**れるのが早い。（　　）
21 一読の**値打**ちがある良書です。（　　）
22 快い**潮風**にふかれている。（　　）
23 **毎晩**、ねる前に歯をみがく。（　　）

24 店頭の**割引**商品に人が集まる。（　　）

25 試合開始の**笛**がふかれた。（　　）

(二) 次の漢字の**部首**と**部首名**を後の□の中からそれぞれ選び、**記号**で書きなさい。（10点）

		部首	部首名
〈例〉	庁	（う）	（ウ）
1	翌	（　）	（　）
2	層	（　）	（　）
3	冊	（　）	（　）
4	障	（　）	（　）
5	遺	（　）	（　）

あ 立　**い** 羽　**う** 广　**え** 辶
お 阝　**か** 十　**き** 冂　**く** 尸
け 貝　**こ** 攵

ア はね　**イ** こざとへん
ウ まだれ　**エ** じゅう
オ どうがまえ　**カ** たつ
キ しかばね　**ク** しんにょう
ケ えんにょう　**コ** かい

(三) 次の漢字の**太い画**のところは筆順の**何画目**ですか。また、**総画数**は何画ですか。**算用数字**（1、2、3…）で書きなさい。（10点）

		何画目	総画数
1	姿	（　）	（　）
2	段	（　）	（　）
3	泉	（　）	（　）
4	筋	（　）	（　）
5	危	（　）	（　）

(四) 漢字を二字組み合わせた**熟語**では、二つの漢字の間に意味の上で、次のような関係があります。

ア 反対や対(つい)になる意味の字を組み合わせたもの。（例…**強弱**）

イ 同じような意味の字を組み合わせたもの。（例…**進行**）

ウ 上の字が下の字の意味を説明（修しょく）しているもの。（例…**直線**）

エ 下の字から上の字へ返って読むと意味がよくわかるもの。（例…**開会**）

オ 上の字が下の字の意味を打ち消しているもの。（例…**非常**）

◆次の**熟語**は□のア〜オのどれに当たるか**記号**で答えなさい。（20点）

1 公私（　　）
2 除去（　　）
3 善行（　　）
4 無糖（　　）
5 植樹（　　）
6 車窓（　　）
7 不測（　　）
8 収支（　　）
9 従事（　　）
10 未知（　　）

(五) 次の――線の**カタカナ**を**漢字一字と送りがな**(ひらがな)に直しなさい。（15点）

〈例〉規則を**サダメル**。（定める）

1 台風の接近で人通りが**タエル**。（　　）
2 魚が水面から**イキオイ**よくはねた。（　　）
3 視ちょう率で人気が**ハカレル**。（　　）
4 法律にもとづいて**サバク**。（　　）
5 西の空が夕日で赤く**ソマル**。（　　）

(六) 漢字の読みには**音**と**訓**があります。次の**熟語の読み**は□の中のどの組み合わせになっていますか。**ア**〜**エ**の**記号**で答えなさい。（10点）

ア 音と音　イ 音と訓
ウ 訓と訓　エ 訓と音

1 宇宙（　　）
2 演奏（　　）
3 厚着（　　）
4 穀類（　　）
5 残高（　　）
6 砂山（　　）
7 首筋（　　）
8 場面（　　）
9 派手（　　）
10 雨具（　　）

(七) 次の**カタカナ**を**漢字**に直し、**一字**だけ書きなさい。（20点）

1 記録**エイ**画（　　）
2 検**トウ**課題（　　）
3 言語道**ダン**（　　）
4 高**ソウ**住宅（　　）
5 心**キ**一転（　　）
6 天地**ソウ**造（　　）
7 秘**ミツ**文書（　　）
8 **リン**時国会（　　）
9 時間**ゲン**守（　　）
10 平和**セン**言（　　）

㈧ 後の□の中のひらがなを漢字に直して、対義語（反対の意味や対になる言葉）と、類義語（意味が似ている言葉）を作りなさい。（20点）

対義語

1 辞任―（　　）任
2 許可―（　　）止
3 出生―死（　　）
4 私立―（　　）立
5 保守―（　　）新

類義語

6 未来―（　　）来
7 尊重―重（　　）
8 感激―感（　　）
9 処理―始（　　）
10 母国―（　　）国

かく・きん・こう・し・しゅう・しょう・そ・どう・ぼう・まつ

㈨ 後の□の中から漢字を二つずつ選んで、次の意味に当てはまる熟語を作りなさい。答えは記号で書きなさい。（10点）

〈例〉本をよむこと。（ア）（イ）

1 順番にまわして見ること。（　）（　）
2 生まれ育った土地。（　）（　）
3 前もって注意すること。（　）（　）
4 しっかりと打ち立てること。（　）（　）
5 人間のちえをこえた不思議なこと。（　）（　）

ア 読　イ 書　ウ 郷　エ 秘
オ 覧　カ 告　キ 回　ク 立
ケ 神　コ 警　サ 樹　シ 故

㈩ 次の――線のカタカナを漢字に直しなさい。（20点）

1 カンコウバスに乗る。（　　）
2 本をカンコウする。（　　）
3 木をカコウする。（　　）
4 売上げがカコウする。（　　）
5 対策をケントウする。（　　）
6 ケントウをつける。（　　）
7 シキ折々の花がさく。（　　）
8 合唱のシキをする。（　　）

9 遠くの的をイる。（　　）
10 兄は今、家にイる。（　　）

(十) 次の――線のカタカナを漢字に直しなさい。（40点）

1 ケイゴを正しく使って話す。（　　）
2 時間をエンチョウして話し合った。（　　）
3 旅先でキョウド料理を食べた。（　　）
4 演芸番組をゲキジョウ中継している。（　　）
5 太平洋岸をクロシオが北上する。（　　）
6 会社のシュッキン時間は八時です。（　　）
7 まだカイゼンする余地がある。（　　）
8 旅行の件についてホソク説明があった。（　　）
9 人気のあるハイユウが出演している。（　　）
10 地球オンダン化の防止に努める。（　　）
11 おごそかなシュウキョウ音楽が流れる。（　　）
12 説明を聞いてギモンが解けた。（　　）
13 コンバンのテレビ番組を調べる。（　　）
14 家ちくの飼料にホし草をたくわえる。（　　）
15 合格の通知が来てムネをなで下ろす。（　　）
16 食事の前には必ずテアラいをする。（　　）
17 美しいフジの花がタれ下がっている。（　　）
18 勉強するヘヤの片づけをする。（　　）
19 我が家の大切なタカラモノ。（　　）
20 得意先に品物をオサめる。（　　）

実力完成テスト 2

時間 60分
合格点 140/200
得点

㈠ 次の――線の読みをひらがなで書きなさい。（25点）

1 情報通信の発展は目覚ましい。（　　）
2 係の仕事を立派にやりとげた。（　　）
3 弟は明朗で活発な性格だ。（　　）
4 トランプの枚数を数える。（　　）
5 全国的な規模で行う。（　　）
6 船は針路を南にとった。（　　）
7 橋の補強工事が始まった。（　　）
8 車内は通勤客でこみ合っていた。（　　）
9 飼い主に忠実な番犬だ。（　　）
10 新しい時代の潮流に従う。（　　）
11 候補者は民衆の支持を得た。（　　）
12 負傷者の応急処置をする。（　　）
13 飛行機の操縦士を目指している。（　　）
14 よく説明して誤解を解いた。（　　）
15 十分に価値のある仕事だと認める。（　　）
16 川をさかのぼって源を見つけた。（　　）
17 道に迷って困り果てた。（　　）
18 雨で遠足は明日に延びた。（　　）
19 混雑にまぎれて迷子になった。（　　）
20 博物館で平安時代の絵巻物を見た。（　　）
21 川原でテントを張る場所を探す。（　　）
22 よく熟したおいしい果物だ。（　　）
23 生命の尊さをみんなで考える。（　　）

24 全員が足並みをそろえて行進した。（　　）

25 雨雲が低く垂れこめている。（　　）

(二) 次の漢字の部首と部首名を後の□の中からそれぞれ選び、記号で書きなさい。(10点)

		部首	部首名
〈例〉	庁	（う）	（ウ）
1	宝	（　）	（　）
2	拡	（　）	（　）
3	乳	（　）	（　）
4	蚕	（　）	（　）
5	臨	（　）	（　）

あ 乙　い 子　う 广　え 宀
お 玉　か 口　き 扌　く 大
け 臣　こ 虫

ア うかんむり　イ だい
ウ まだれ　エ むし
オ たま　カ こ
キ しん　ク おつ
ケ てへん　コ くち

(三) 次の漢字の太い画のところは筆順の何画目ですか。また、総画数は何画ですか。算用数字(1、2、3…)で書きなさい。(10点)

		何画目	総画数
1	灰	（　）	（　）
2	革	（　）	（　）
3	看	（　）	（　）
4	系	（　）	（　）
5	憲	（　）	（　）

(四) 漢字を二字組み合わせた熟語では、二つの漢字の間に意味の上で、次のような関係があります。

ア 反対や対になる意味の字を組み合わせたもの。（例…強弱）

イ 同じような意味の字を組み合わせたもの。（例…進行）

ウ 上の字が下の字の意味を説明(修しょく)しているもの。（例…直線）

エ 下の字から上の字へ返って読むと意味がよくわかるもの。（例…開会）

オ 上の字が下の字の意味を打ち消しているもの。（例…非常）

◆次の**熟語**は□のア〜オのどれに当たるか**記号**で答えなさい。（20点）

1 寒冷（　　）

2 正誤（　　）

3 納税（　　）

4 不快（　　）

5 除雪（　　）

6 署長（　　）

7 未明（　　）

8 紅梅（　　）

9 授受（　　）

10 無賃（　　）

㈤ 次の——線の**カタカナ**を**漢字一字と送りがな**（ひらがな）に直しなさい。（15点）

〈例〉規則を**サダメル**。（定める）

1 団長が選手団を**ヒキイル**。（　　）

2 友達から絵はがきが**トドク**。（　　）

3 今年も**アマス**ところあと三日だ。（　　）

4 落とし物を交番に**アズケル**。（　　）

5 約束を**ヤブル**のはよくない。（　　）

㈥ 漢字の読みには**音**と**訓**があります。次の**熟語の読み**は□の中のどの組み合わせになっていますか。**ア〜エ**の**記号**で答えなさい。（10点）

ア 音と音	**イ** 音と訓
ウ 訓と訓	**エ** 訓と音

1 遺伝（　　）

2 演劇（　　）

3 係員（　　）

4 砂糖（　　）

5 仕事（　　）

6 指揮（　　）

7 歯車（　　）

8 生傷（　　）

9 総出（　　）

10 親分（　　）

㈦ 次の**カタカナ**を**漢字**に直し、**一字**だけ書きなさい。（20点）

1 宇**チュウ**旅行（　　）

2 栄養**ホ**給（　　）

3 規**ボ**拡大（　　）

4 公**シュウ**衛生（　　）

5 自己負**タン**（　　）

6 社会**ゲン**象（　　）

7 地方分**ケン**（　　）

8 精**ミツ**検査（　　）

9 **スイ**理小説（　　）

10 条件反**シャ**（　　）

㈧ 後の□の中のひらがなを漢字に直して、対義語（反対の意味や対になる言葉）と、類義語（意味が似ている言葉）を作りなさい。（20点）

対義語

1 賞賛―非（　　）
2 開店―（　　）店
3 裏門―（　　）門
4 尊重―無（　　）
5 臨時―定（　　）

類義語

6 役割―任（　　）
7 賃金―（　　）料
8 反対―（　　）議
9 指令―（　　）令
10 家屋―住（　　）

い・おもて・きゅう・し・たく
なん・へい・めい・む・れい

㈨ 後の□の中から漢字を二つずつ選んで、次の意味に当てはまる熟語を作りなさい。答えは記号で書きなさい。（10点）

〈例〉本をよむこと。（ア）（イ）

1 おおやけにつげること。（　　）（　　）
2 まじめにつとめること。（　　）（　　）
3 役立ててもらうようにさし出すこと。（　　）（　　）
4 たがいに意見をたたかわせること。（　　）（　　）
5 うれしい知らせ。（　　）（　　）

ア 読　イ 書　ウ 実　エ 討
オ 忠　カ 論　キ 告　ク 提
ケ 朗　コ 供　サ 宣　シ 報

㈩ 次の――線のカタカナを漢字に直しなさい。（20点）

1 駅のカイダンを上がる。（　　）
2 首脳カイダンを開く。（　　）
3 カンケツにまとめる。（　　）
4 ドラマがカンケツする。（　　）
5 シュウカン誌を買う。（　　）
6 早起きのシュウカン。（　　）

7 意見を**ノ**べる。（　　）

8 出発を明日に**ノ**ばす。（　　）

9 **アタタ**かい春の日。（　　）

10 **アタタ**かいお茶。（　　）

(十) 次の——線の**カタカナ**を**漢字**に直しなさい。（40点）

1 **ホウリツ**の勉強をして弁護士を志す。（　　）

2 評判のよい**チョメイ**な音楽家だ。（　　）

3 会議で**ジュウライ**の方針を確認した。（　　）

4 授業中の**シゴ**をつつしもう。（　　）

5 会場の周辺を**ケイビ**する。（　　）

6 都心の**カンチョウ**街を歩く。（　　）

7 キャンプに**センメン**道具を持参する。（　　）

8 学校にかさを**ワス**れる。（　　）

9 加熱して水分を**ジョウハツ**させる。（　　）

10 君はクラスの中で貴重な**ソンザイ**だ。（　　）

11 公園内をのんびりと**サンサク**する。（　　）

12 駅までの**カタミチ**は歩いて行った。（　　）

13 くるりと**セ**を向けて逃げ出した。（　　）

14 首にスカーフを**マ**きつける。（　　）

15 神仏を**ウヤマ**う心が厚い。（　　）

16 スポーツで**キンニク**をきたえる。（　　）

17 反対多数で議案は**ヒケツ**された。（　　）

18 言い分をよく聞いて公平に**サバ**く。（　　）

19 人から**ウタガ**われるような事はない。（　　）

20 よちよち歩きの**オサナ**い子供だ。（　　）

解答編

（×は、まちがえやすい例です）

1 漢字の読み 1

1 えんそう
2 おんだん
3 かんご
4 うんちん
5 えんちょう
6 さとう
7 じょまく
8 こきゅう
9 じゅんしん
10 すいてい
11 くいき
12 あぶ

注意 「危うい」は「あやうい」と読む。

13 うつ
14 おさな
15 たまご

2 漢字の読み 2

1 かいそう
2 しょり
3 ごかい
4 かんけつ
5 きょうい
6 てんらん
7 きんにく
8 けいび
9 しさつ
10 た
11 も
12 しお

注意 「潮」は海水の意味。「潮の干満」などと使う。

13 わけ
14 おぎな
15 わたくし（わたし）

3 漢字の読み 3

1 かいまく
2 きちょう ×きじゅう
3 しせい
4 しゅのう
5 しょうじ ×しょうこ
6 すいじょうき
7 ていきょう
8 たんじょうび
9 てっこつ
10 しげん
11 く
12 そ
13 わす
14 はら
15 たず

注意 「訪れる」は「おとずれる」と読む。

4 漢字の読み 4

1 がいろじゅ
2 いひん
3 こうふん
4 しゅうろく
5 きょうり
6 しゅしょう
7 せんねん
8 たんじゅん
9 たんさ
10 でんしょう
11 と
12 みと
13 わかば
14 あたた
15 す

解答編

5 漢字の読み 5

1 きんむ
2 かくちょう
3 けいとう
4 けんぽう
5 こっせつ
6 じゅうだん
7 そんちょう ×そんじゅう
8 しゅくしゃく
9 ほぞん
10 ふくそう
11 こま
12 きざ
13 す
14 あら
15 さば

6 漢字の読み 6

1 せいじつ
2 こくもつ
3 じゅえき
4 しょくよく
5 たいようけい
6 ちょしゃ
7 ないかく
8 はいかん
9 ぶんたん
10 はっき
11 の

注意 「延ばす」は時間を長びかせる。日時をおくらせるという意味。

12 いずみ
13 まど
14 ちち
15 とうと(たっと)

7 漢字の読み 7

1 ろうどく
2 かし
3 げんじゅう ×げんちょう
4 すじみち
5 かいへい
6 きけん
7 けいご
8 こうそう
9 がっそう
10 じき
11 そ
12 はいざら
13 ほ
14 うたが
15 つくえ

8 漢字の書き 1

1 推進
2 演奏
3 危険 ×危検
4 警察
5 故障
6 補欠 ×保欠
7 郵便
8 俳句
9 姿勢
10 胸囲
11 巻
12 灰色 ×炭色
13 砂
14 誤
15 縦書

9 漢字の書き 2

1 映像（×映象）
2 拡張（×拡長）
3 吸収
4 敬老
5 紅茶
6 看板
7 深呼吸
8 簡単（×簡短）
9 樹木
10 温泉
11 骨身
12 針金
13 窓辺
14 染
15 割

10 漢字の書き 3

1 展望
2 筋肉（×節肉）
3 裁断
4 寸前
5 星座
6 忠実（×注実）
7 鉄棒
8 宝庫
9 模様
10 朗読
11 乱
12 忘
13 裏
14 並
15 傷

11 漢字の書き 4

1 宇宙
2 看護
3 牛乳
4 加盟（×加明）
5 運賃
6 遺産
7 興奮
8 権利
9 高層
10 雑誌（×雑紙）
11 穴
12 干
13 机（×札）
14 厳
15 我

12 漢字の書き 5

1 指揮
2 至急
3 冊
4 資源（×資原）
5 将来
6 自己（×自個）
7 国宝
8 障害
9 処理
10 就職
11 異
12 映

注意
映＝鏡に映る
移＝よそへ移る
写＝写真に写る
というように使う。

13 降
14 刻
15 済

13 漢字の書き 6

1 植樹
2 宣伝（×専伝）
3 対策（×対作）
4 誕生
5 山頂
6 独奏
7 乳歯
8 発揮
9 分担
10 体操
11 困（×因）
12 骨
13 射
14 私
15 蚕

14 漢字の書き 7

1 批評（×比評）
2 明朗
3 服装
4 密集
5 閉幕
6 優勝
7 枚数
8 討論
9 保存（×保在）
10 毎晩
11 難
12 届
13 腹（×復）
14 痛
15 洗

15 部首・部首名 1

部首　部首名

(1)
1 し　イ
2 い　サ
3 こ　コ
4 き　ア
5 す　オ

注意 「成・戦」も「ほこづくり」に属する。

6 お　カ
7 え　セ

(2)
1 さ　ケ
2 か　オ
3 せ　エ
4 う　セ
5 お　ク

注意 「空・究」も「あなかんむり」に属する。

6 あ　イ
7 く　コ

16 部首・部首名 2

部首　部首名

(1)
1 か　イ
2 う　ス
3 え　シ
4 し　ウ
5 お　キ

注意 「表・裏」も「ころも」に属する。

6 せ　ア
7 け　エ

(2)
1 こ　エ
2 せ　イ
3 く　シ
4 あ　セ
5 い　ス
6 き　ア
7 す　キ

17 筆順・画数 1

	何画目	総画数
1	4	9
2	3	5
3	3	7
4	4	15
5	6	8
6	6	12
7	3	8
8	11	13
9	8	11
10	5	6
11	13	17
12	4	8
13	11	13
14	4	5
15	11	18
16	4	11
17	9	9
18	4	8
19	10	11
20	3	10

注意
丨冂冂冊冊

18 筆順・画数 2

	何画目	総画数
1	9	9
2	4	9
3	10	13
4	8	15
5	3	4
6	1	17
7	6	8
8	5	7
9	1	4
10	5	11
11	9	15
12	5	8
13	9	12
14	8	11
15	2	3
16	4	10
17	11	12
18	8	10
19	7	11
20	8	12

注意
9 収＝丨丩収収
12 若＝艹ナ芧若

19 漢字と送りがな 1

1 並べる
2 暮れる
3 捨てる ×拾てる
4 危ない
5 疑う
6 縮まる
7 届ける
8 忘れる
9 痛い
10 異なる
11 厳しく
12 幼い
13 誤り
14 除く
15 閉じる

20 漢字と送りがな 2

1 敬う
2 割れる
3 刻む
4 困る
5 激しい
6 済ませる
7 垂らす
8 拝む
9 乱れる
10 難しい
11 洗う
12 至る
13 納める ×収める・修める・治める
14 従っ
15 延びる

21 熟語の音と訓 1

1 ア
2 ア
3 ウ
4 イ
5 ウ
6 ア
7 ア
8 ア
9 エ
10 ウ
11 イ
12 イ
13 エ
14 エ
15 ア
16 ウ
17 ア
18 イ
19 ウ
20 イ
21 エ
22 ア
23 ア
24 エ

22 熟語の音と訓 2

1 ア
2 エ
3 ウ
4 ウ
5 ア
6 イ
7 ア
8 エ
9 イ
10 ウ
11 エ
12 ア
13 ウ
14 イ

注意 「マク」は音読み。

15 イ
16 ウ
17 ウ
18 エ
19 イ
20 ウ
21 ア
22 イ
23 エ
24 ア

23 四字の熟語 1

1 装
2 宙
3 存
4 沿
5 訪
6 拡
7 誌
8 株
9 操
10 革
11 衆
12 資
13 吸
14 捨
15 給
16 策
17 揮
18 脳（×能）
19 署
20 郵
21 権
22 推
23 遺
24 命
25 専
26 晩

24 四字の熟語 2

1 欲
2 臨
3 奏
4 郷
5 絶
6 層
7 処
8 己
9 朗
10 針
11 障
12 密
13 刻
14 論
15 縮
16 異
17 域
18 疑
19 宣
20 骨
21 担
22 優
23 片
24 射
25 難
26 敵（×適）

25 対義語・類義語 1

1 敵
2 復（×複）
3 吸
4 痛
5 臨
6 片
7 密
8 縮
9 純
10 模
11 賛
12 異
13 幕
14 貴
15 亡
16 段
17 視
18 簡
19 割
20 展

26 対義語・類義語 2

1 密
2 派
3 著
4 危
5 縦
6 難
7 否（×非）
8 質
9 段
10 権
11 達
12 俳
13 盟（×明）
14 異
15 激
16 収
17 宅
18 域
19 未（×末）
20 論

27 対義語・類義語 3

1 革
2 現
3 温
4 雑
5 済
6 就
7 横
8 垂
9 去
10 私
11 善
12 論
13 寸
14 処
15 忠（×注）
16 段
17 有
18 存
19 背
20 準

28 熟語の作成 1

(1)
1 ウ・キ
2 エ・サ
3 ア・オ
4 シ・ケ

> 注意
> 「討」には「うつ」という意味のほかに、「くわしく調べる」という意味がある。

5 コ・ク

(2)
1 キ・ウ
2 シ・ア
3 ケ・カ
4 オ・ク
5 エ・サ

29 熟語の作成 2

(1)
1 イ・シ
2 ア・コ
3 サ・キ

注意 「度胸」の「度」には、「心のはば」という意味がある。

4 ク・ウ
5 ケ・エ

(2)
1 シ・エ
2 ク・オ
3 サ・ウ
4 イ・キ
5 コ・カ

30 熟語の構成 1

1 ウ
2 イ
3 エ
4 イ
5 ウ
6 ア
7 エ
8 エ
9 ウ
10 オ
11 エ
12 ウ
13 ア
14 オ
15 ウ
16 エ

注意 「養蚕」は、絹糸を取るために蚕を飼うこと。

17 エ
18 イ
19 オ
20 ウ

31 熟語の構成 2

1 ア
2 エ
3 イ
4 エ
5 ウ
6 ア
7 ウ
8 エ
9 ア
10 イ
11 オ
12 エ
13 エ
14 ウ
15 オ

注意 読みは「ぶなん」。

16 イ
17 ウ
18 オ
19 イ
20 ア

32 熟語の構成 3

1 ウ
2 イ
3 ア
4 エ
5 ウ
6 オ
7 ウ
8 イ
9 ウ
10 オ
11 ア
12 ウ
13 イ

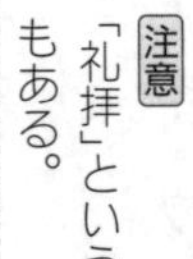

注意 「礼拝」という熟語もある。

14 ウ
15 オ
16 エ
17 オ
18 エ
19 イ
20 エ

33 同じ読みの漢字 1

1 完結
2 簡潔 ×簡結
3 貴重 ×貴長
4 機長
5 公衆
6 講習 ×構習
7 支給
8 至急
9 優良
10 有料
11 感激
12 観劇
13 塩
14 潮
15 友
16 共 ×供

34 同じ読みの漢字 2

1 会談
2 階段
3 強度
4 郷土
5 志望
6 死亡
7 発射
8 発車
9 当分
10 糖分
11 単身
12 短針
13 納
14 治

> 注意
> 収＝成果を収める。
> 修＝学問を修める。
> というように使う。

15 値
16 根

35 同じ読みの漢字 3

1 勤続
2 金属
3 現金
4 厳禁
5 降下
6 効果
7 指揮
8 四季
9 正答
10 正当
11 中止
12 注視
13 居
14 射
15 務
16 努

> 注意
> 務＝役目を果たすこと。
> 努＝努力すること。

36 漢字の読み 8

1 しんぴ
2 ぜんせん
3 そうせつ
4 そうち
5 たいさく
6 りゅういき
7 てんしゅかく
8 りんじ
9 たいそう
10 はんしゃ
11 ま
12 わ
13 お

> 注意
> 「降（お）りる・降（ふ）る」の読み分けに注意。

14 きぬ
15 かぶ

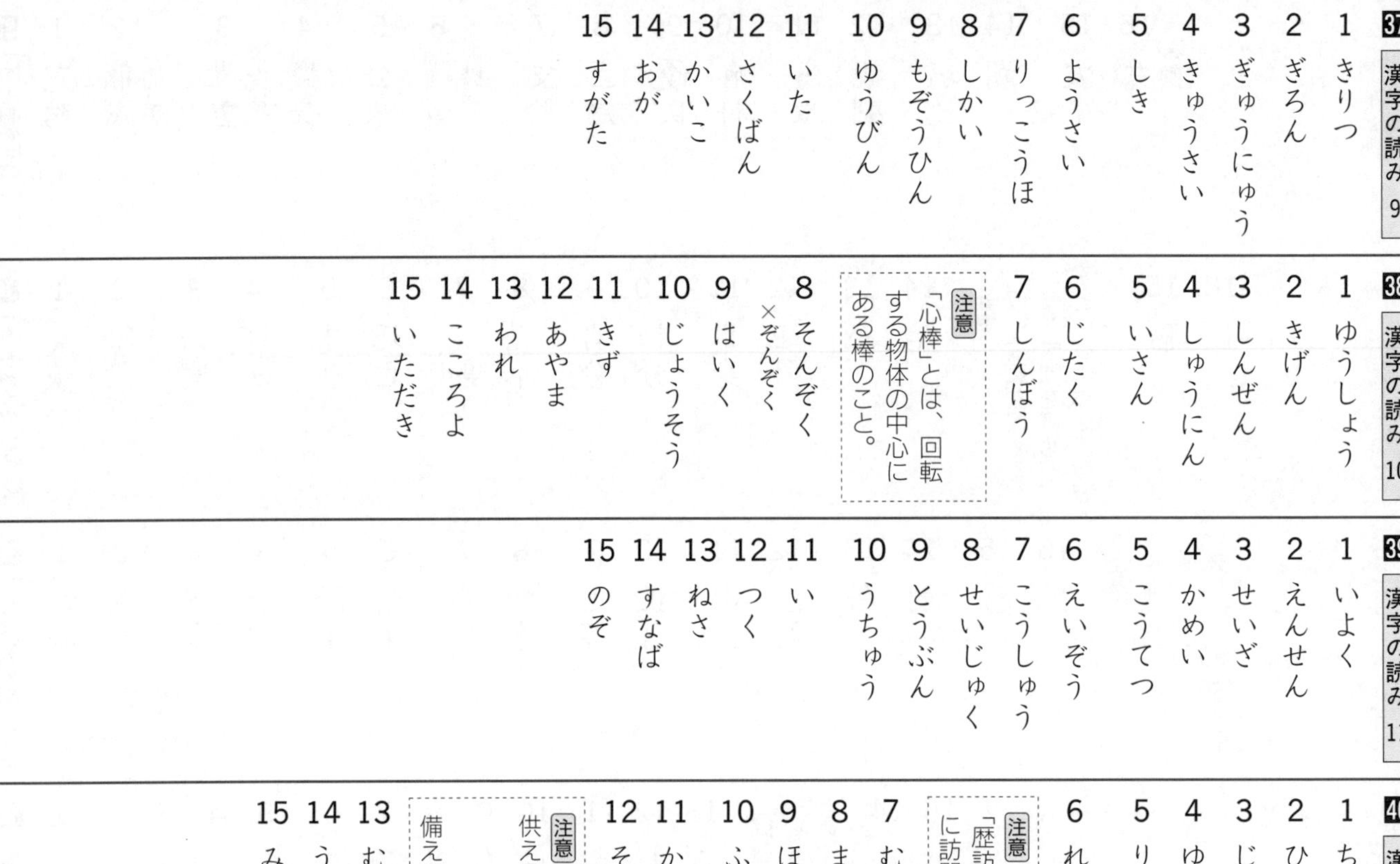

37 漢字の読み 9

1 きりつ
2 ぎろん
3 ぎゅうにゅう
4 きゅうさい
5 しき
6 ようさい
7 りっこうほ
8 しかい
9 もぞうひん
10 ゆうびん
11 いた
12 さくばん
13 かいこ
14 おが
15 すがた

38 漢字の読み 10

1 ゆうしょう
2 きげん
3 しんぜん
4 しゅうにん
5 いさん
6 じたく
7 しんぼう

注意 「心棒」とは、回転する物体の中心にある棒のこと。

8 そんぞく ×ぞんぞく
9 はいく
10 じょうそう
11 きず
12 あやま
13 われ
14 こころよ
15 いただき

39 漢字の読み 11

1 いよく
2 えんせん
3 せいざ
4 かめい
5 こうてつ
6 えいぞう
7 こうしゅう
8 せいじゅく
9 とうぶん
10 うちゅう
11 い
12 つく
13 ねさ
14 すなば
15 のぞ

40 漢字の読み 12

1 ちょうしゃ
2 ひみつ
3 じょうき
4 ゆうらん
5 りょういき
6 れきほう

注意 「歴訪」とは、次々に訪問すること。

7 むよく
8 まんちょう
9 ほしゅう
10 ふたん
11 かたがわ
12 そな

注意 供える＝神仏などに物をささげる。
備える＝準備する。

13 むずか
14 うらにわ
15 みだ

41 漢字の書き 8

1 観衆（×観集）
2 勤務
3 区域（×区城）
4 聖火
5 食欲
6 郷里
7 合奏
8 住宅
9 専門（×専問）
10 政策
11 縮
12 胃腸
13 盛
14 泉
15 暮

42 漢字の書き 9

1 価値
2 街路樹（×外路樹）
3 冊（×札）
4 操作
5 単純
6 貯蔵
7 通訳（×通約）
8 糖分
9 班長
10 階段
11 沿
12 激
13 口紅
14 捨（×拾）
15 従

43 漢字の書き 10

1 改革（×改格）
2 帰宅
3 深刻（×真刻）
4 劇
5 垂直
6 宙
7 脳
8 背景
9 閉店
10 遊覧
11 除
12 片方
13 幼
14 背負
15 株

44 漢字の書き 11

1 視界
2 解除
3 疑問
4 公衆（×公集）
5 混乱（×困乱）
6 山頂
7 創立
8 短縮
9 磁石
10 担当
11 干
12 絵巻
13 危
14 吸
15 尺八

45 漢字の書き 12

1 就任
2 宅配
3 正座
4 政党
5 頭脳（×頭能）
6 秘密
7 翌日
8 内閣
9 落葉樹
10 反映
11 値
12 閉
13 奮
14 垂
15 頂

46 部首・部首名 3

	部首	部首名
(1) 1	う	カ
2	し	ク
3	さ	ケ
4	か	オ
5	す	サ
6	え	ス
7	お	シ
(2) 1	く	ス
2	き	オ
3	さ	ウ
4	け	カ
5	こ	シ
6	え	ク
7	い	サ

注意 身体に関係のある漢字には、「肉（にく）・⺼（にくづき）」のつく漢字が多い。「胃・肺・腸・胸・背・腹・脳」など。

47 部首・部首名 4

	部首	部首名
(1) 1	け	ク
2	え	カ
3	あ	コ
4	き	ア
5	し	セ
6	か	ケ
7	す	エ
(2) 1	え	ク
2	あ	エ
3	け	オ
4	す	シ
5	し	ス
6	か	イ
7	さ	カ

注意 「⻖」は左につけば「こざとへん」。

注意 「幕」は「巾」、「暮」は「日」、「墓」は「土」に属する。

48 筆順・画数 3

	何画目	総画数
1	4	9
2	5	6
3	9	14
4	2	7
5	9	11
6	10	15
7	4	10
8	12	16
9	10	13
10	5	16
11	1	4
12	9	14
13	9	11
14	6	8
15	11	14
16	5	10
17	3	7
18	11	14
19	3	6
20	6	7

注意 ㇕ コ 尸 尺

49 筆順・画数 4

	何画目	総画数
1	6	8
2	6	11
3	6	9
4	7	10
5	7	9
6	1	11
7	7	9
8	3	12
9	10	11
10	4	15
11	7	9
12	13	15
13	1	14
14	3	5
15	5	8
16	11	14
17	9	11
18	8	16
19	6	10
20	3	10

50 漢字と送りがな 3

1 営む
2 快く
3 寄せる
4 志し

注意 「こころざし」という名詞の場合は、送りがなはつけない。

5 修める ×収める・納める・治める
6 険しい
7 混ぜる ×交ぜる
8 暴れ
9 迷う
10 設ける
11 比べ
12 任せる
13 勢い
14 導く
15 久しい

51 漢字と送りがな 4

1 招く
2 述べる
3 退い
4 破れる
5 構える ×講える
6 易しい
7 確かめる
8 耕し
9 再び
10 預ける
11 留める ×止める
12 増える
13 豊か
14 備える ×供える
15 燃える

52 熟語の音と訓 3

1 ア
2 ウ
3 ア
4 ア
5 ウ
6 ア
7 ウ
8 イ
9 ア
10 イ
11 ウ
12 イ
13 エ
14 ア
15 ウ
16 ウ
17 イ
18 ウ
19 エ
20 ウ
21 イ
22 ウ
23 イ
24 エ

53 熟語の音と訓 4

1 ア　2 ウ　3 イ　4 エ　5 ア　6 エ　7 ウ　8 ア　9 イ　10 ウ　11 ア　12 ウ　13 イ　14 ア　15 ア　16 ア　17 ウ　18 ア　19 エ　20 イ

21 イ　22 ウ　23 イ　24 ア

注意 22は「表裏」となれば「ひょうり」と音読みをする。

54 四字の熟語 3

1 宣　2 異　3 乱　4 宇　5 磁　6 値　7 割　8 宅　9 危　10 策　11 勤　12 私　13 権　14 座　15 賛　16 疑　17 装　18 遺　19 刻　20 設

21 除　22 視　23 蒸　24 源　25 模　26 党

55 四字の熟語 4

1 得（×徳）　2 処　3 退　4 暖　5 始　6 延　7 探　8 穀　9 欠　10 論　11 郵　12 断　13 混　14 公　15 善　16 厳　17 担　18 造　19 肉　20 呼

21 捨　22 革　23 美　24 発　25 存　26 純

56 対義語・類義語 4

1 断　2 宅　3 収　4 奮　5 困（×因）　6 公　7 険（×検）　8 片　9 源（×原）　10 善　11 視　12 署　13 誕　14 勤　15 陽　16 務　17 寸　18 造　19 祖　20 揮（×輝）

57 対義語・類義語 5

1 費
2 裏
3 視
4 閉
5 暖
6 増
7 就
8 乱
9 痛
10 可
11 久
12 災
13 均
14 準
15 著
16 賃
17 歩
18 悪
19 案
20 張（×長）

58 対義語・類義語 6

1 非（批）
2 独
3 祖
4 将
5 異
6 革
7 減
8 晩
9 損
10 料
11 輸
12 屋
13 郷

注意 「帰郷」は故郷へ帰ること。「帰京」は東京へ帰ること。

14 服
15 告
16 誠
17 刊
18 見
19 昨
20 激

59 熟語の作成 3

(1)
1 ク・コ
2 ケ・ア
3 イ・カ
4 キ・シ
5 サ・エ

(2)
1 ケ・オ
2 ア・シ
3 カ・イ
4 ク・サ
5 コ・ウ

60 熟語の作成 4

(1)
1 コ・カ
2 イ・シ
3 ケ・サ
4 エ・キ
5 オ・ク

(2)
1 ウ・サ
2 エ・キ
3 ク・シ
4 イ・コ
5 オ・ア

61 熟語の構成 4

1 ア　2 イ　3 ウ　4 ア　5 エ
6 ウ　7 オ　8 ウ　9 エ　10 ア
11 ウ　12 ウ　13 エ　14 ア　15 オ
16 イ　17 ア　18 ウ　19 オ　20 イ

62 熟語の構成 5

1 エ　2 イ　3 ウ　4 ア

注意 「干満」とは潮のみちひきのこと。

5 イ
6 ウ　7 ウ　8 イ　9 ア　10 オ
11 エ　12 ウ　13 エ　14 イ　15 ウ
16 ア　17 ウ　18 エ　19 オ　20 エ

63 熟語の構成 6

1 イ　2 ウ　3 エ　4 ウ　5 エ
6 ウ　7 イ　8 オ　9 ウ　10 ア
11 エ　12 ウ　13 オ　14 エ　15 ア
16 ウ　17 オ　18 ウ　19 エ　20 イ

64 同じ読みの漢字 4

1 時刻　2 自国　3 自信　4 自身　5 事故
6 自己（×自個）
7 正価　8 成果　9 近視　10 禁止
11 視界　12 司会　13 原　14 腹（×復・×複）
15 供　16 備

65 同じ読みの漢字 5

1 創造
2 想像 (×想象)
3 聖火
4 青果
5 等分
6 当分
7 高価
8 効果
9 政党
10 正当
11 包装
12 放送
13 着
14 付
15 帰
16 返

66 同じ読みの漢字 6

1 観衆 (×観集)
2 慣習
3 景観
4 警官
5 個展 (×固展)
6 古典
7 大作
8 対策
9 推進
10 水深
11 内臓
12 内蔵
13 解
14 説
15 敗
16 破

実力完成テスト 1

(一)
1 かんげき
2 いし
3 ちんぎん
4 えんき
5 かんらん
6 かくだい
7 かんばん
8 そ
9 げんかく
10 はっき
11 すいしん
12 たんけん
13 てんじ
14 もけい
15 ろんぎ
16 よく
17 うつ
18 すなあそ
19 かたがわ
20 く
21 ねう
22 しおかぜ
23 まいばん
24 わりびき
25 ふえ

(二)

	部首	部首名
1	い	ア
2	く	キ
3	き	オ
4	お	イ
5	え	ク

(三)

	何画目	総画数
1	8	9
2	5	9
3	6	9
4	11	12
5	5	6

(四)
1 ア
2 イ
3 ウ
4 オ
5 エ
6 ウ
7 オ
8 ア
9 エ
10 オ

(五)
1 絶える
2 勢い
3 測れる ×計れる・量れる
4 裁く
5 染まる

(六)
1 ア
2 ア
3 ウ
4 ア
5 イ
6 ウ
7 ウ
8 エ
9 イ
10 エ

(七)
1 映
2 討
3 断
4 層
5 機 ×気
6 創
7 密
8 臨
9 厳
10 宣

(八)
対義語
1 就
2 禁
3 亡
4 公
5 革
類義語
6 将
7 視
8 動
9 末
10 祖

(九)
1 キ・オ
2 シ・ウ
3 コ・カ
4 サ・ク
5 ケ・エ

(十)
1 観光 ×観行
2 刊行
3 加工
4 下降
5 検討
6 見当
7 四季
8 指揮
9 射
10 居

(十一)
1 敬語
2 延長
3 郷土
4 劇場
5 黒潮 ×黒塩
6 出勤
7 改善
8 補足
9 俳優
10 温暖
11 宗教
12 疑問
13 今晩
14 干
15 胸
16 手洗
17 垂
18 部屋
19 宝物
20 納 ×収・修・治

実力完成テスト 2

(一)

1 はってん
2 りっぱ
3 めいろう
4 まいすう
5 きぼ
6 しんろ
7 ほきょう
8 つうきん
9 ちゅうじつ
10 ちょうりゅう
11 みんしゅう
12 しょち
13 そうじゅう
14 ごかい
15 かち
16 みなもと
17 こま
18 の
19 まいご
20 えまきもの
21 さが
22 じゅく
23 とうと(たっと)
24 あしな
25 た

(二)

	部首	部首名
1	え	ア
2	き	ケ
3	あ	ク
4	こ	エ
5	け	キ

注意 「九・乱」も「おつ」に属する。

(三)

	何画目	総画数
1	5	6
2	4	9
3	4	9
4	4	7
5	7	16

(四)

1 イ
2 ア
3 エ
4 オ
5 エ
6 ウ
7 オ
8 ウ
9 ア
10 オ

(五)

1 率いる
2 届く
3 余す
4 預ける
5 破る

(六)

1 ア
2 ア
3 エ
4 ア
5 イ
6 ア
7 ウ
8 ウ
9 イ
10 エ

(七)

1 宙
2 補 (×保)
3 模
4 衆 (×集)
5 担
6 現
7 権
8 密
9 推
10 射

(八) 対義語

1 難
2 閉
3 表
4 視
5 例

類義語

6 務
7 給
8 異
9 命
10 宅

(九)

1 サ・キ
2 オ・ウ
3 ク・コ
4 エ・カ
5 ケ・シ

(十)

1 階段
2 会談
3 簡潔
4 完結
5 週刊（×週間）
6 習慣
7 述
8 延
9 暖
10 温

(土)

1 法律
2 著名
3 従来
4 私語
5 警備
6 官庁
7 洗面
8 忘
9 蒸発
10 存在
11 散策
12 片道（×方道）
13 背
14 巻
15 敬
16 筋肉（×節肉）
17 否決（×非決）
18 裁
19 疑
20 幼